Christian Schuchardt

Die Goethestiftung und die Goethe'schen Preisaufgaben

Christian Schuchardt

Die Goethestiftung und die Goethe'schen Preisaufgaben

ISBN/EAN: 9783743332485

Hergestellt in Europa, USA, Kanada, Australien, Japan

Cover: Foto ©ninafisch / pixelio.de

Manufactured and distributed by brebook publishing software (www.brebook.com)

Christian Schuchardt

Die Goethestiftung und die Goethe'schen Preisaufgaben

Die

Goethestiftung

und

die Goethe'schen Preisaufgaben.

Mit einem Blick auf die neueste Kunstrichtung.

Von

Christian Schuchardt.

Weimar
Hermann Böhlau.
1861.

Vorwort.

Bei der erneuten Anregung einer Allgemeinen Goethestiftung von dem Berliner Centralcommité war die Frage aufgestellt worden: Ob man sich dabei allein auf bildende Kunst beschränken wolle, und, im Fall der Bejahung: ob man den vorgesetzten Zweck durch Preisaufgaben zu erreichen glaube?

Bei einer Commitéberathung in Weimar wurde für den ersten Theil der Frage entschieden, bei dem zweiten Theil waren die Meinungen gänzlich getheilt. Es wurde jedoch keine Abstimmung vorgenommen, es wurden diejenigen, welche die verschiedenen Ansichten vertraten, aufgefordert, ihre Gründe schriftlich in einem besondern Votum zu den Acten zu geben. Von Seiten des Verfassers dieser Schrift ist es geschehen, wahrscheinlich auch von Seiten des Vertheidigers der abweichenden Ansicht.

Natürlich konnte dabei nur von Angabe der Hauptpunkte die Rede seyn und nur in Rücksicht auf die Goethestiftung. Es genügte das wohl auch, da es nur solchen Männern zur Einsicht vorzulegen war, die von vorn herein mit der ganzen Angelegenheit genau bekannt seyn mußten.

Da aber, wenn dieser Punkt entgültig entschieden werden soll, die einzelnen Mitglieder oder doch die Abgeordneten der einzelnen Vereine darüber mitzuberathen haben, so können diese allgemeinen Angaben nicht zum völligen Verständniß ausreichen, besonders denen gegenüber, deren Lebensaufgabe es nicht ist, das Verhältniß der Kunst zum öffentlichen und Privatleben, zur Bildung, zur Cultur der Menschheit überhaupt zu erkennen zu suchen.

Deshalb schien es mir nicht unnütz, diese Frage über die Preisaufgaben und deren Wichtigkeit für die Belebung der Kunst überhaupt und als Grundlage der Goethestiftung insbesondere etwas ausführlicher zu besprechen.

Dabei konnte die Frage, ob der sich jetzt breitmachende Naturalismus die Kunst überhaupt berühre und ob daraus besonders dem Idealismus gegenüber Heil entspringen könne, nicht ganz unberührt bleiben.

Ob dieses Schriftchen etwas zur Entscheidung dieser Angelegenheit beitragen werde, muß ich der Einsicht der Leser überhaupt und besonders den sich speciell dafür interessirenden Lesern überlassen.

I.

Daß die Gebildetsten aller Deutschen Goethe's hohe Bedeutung, dessen unberechenbaren Einfluß auf die gesammte menschliche Cultur kennen, anerkennen und dankbar verehren; daß auch die bedeutendsten Geister aller cultivirten Nationen darin übereinstimmen, braucht wohl kaum wiederholt erwähnt zu werden. Der Engländer Th. Carlyle hat dieses Verdienst Goethe's um die Menschheit in begeisterten Worten in einem eignen Artikel seiner Schriften ausgesprochen, an dessen Schluß es heißt: „Der Grund eines neuen socialen Gebäudes für die Menschheit ist gelegt, wie im Anfange auf Naturfelsen. Wir sehen die sich weit ausdehnenden Spuren eines Planes, welchen künftige Jahrhunderte erweitern, verbessern und verwirklichen mögen."

Die Aufforderung zu einer allgemeinen deutschen Goethefeier, die 1849 von Berlin, von einer Zahl bedeutender Männer der Kunst und Wissenschaft ausging, und in deren Folge sich in Berlin und Weimar Goethevereine bildeten, spricht das in gleich würdiger Weise aus. Darin heißt es:

„Wer Theil hat an deutscher Bildung, hat auch Theil an Goethe. Weit über Deutschlands Grenzen hinaus reichet der begeisternde Einfluß seiner unsterblichen Werke. Um so festlicher möge unter uns der Tag begrüßt werden, der in so bezeichnender Weise sein Andenken hervorruft.

Keine Feier dürfte mehr geeignet sein, in die düsteren Nebel der verworrenen Gegenwart einen heiteren Sonnenstrahl gemüthlicher Erquickung zu bringen, als die, welche dem Geiste Goethe's gilt, dem Geiste der Ordnung, der Mäßigung, der Besonnenheit und der edelsten Freiheit, der es besonders vermochte durch anhaltende und fortbildende Wirkung aus schweifende und verwilderte Kräfte zu ruhiger Entwickelung anzuziehen und in mildere Gestalten festzubannen.

Wie Goethe in selbstüberwindender Hingebung an das höchste Ziel geistigen Strebens versöhnend über allen Partheiungen stand und die sittliche, von ihm so klar erfaßte Einheit des deutschen Wesens im Gebiete des Schönen, Guten und Wahren mit hoher Vollendung darstellte; so wird auch der Tag, der seinem Gedächtnisse gilt, in diesem Gebiete alle enger verbinden, die sich in anderen feindlich gegenüberstehen, und wie oft die olympische Feier für ein Ringen nach edlerem Ruhme die erbitterten Fehden der Hellenen unterbrach, möge das ihm geweihte Fest mitten im unerquicklichen Kampfe ein Bild des heiteren Friedens darstellen.

Goethe's Andenken ist es werth, der Träger eines bleibenden gemeinsamen Wirkens aller Edelen Deutschlands zu sein. Möge die bevorstehende Feier dazu Anlaß bieten und eine Stiftung hervorrufen, die in seinem Geiste deutsches Kunstleben und den Einfluß desselben auf die Versittlichung des Volkes stärke und mehre.

Weimar, die Stätte seines umfangreichsten Wirkens, das die noch uneröffneten Hallen seines täglichen Ordnens und Schaffens einschließt, eignet sich vor allen zum Vereinigungspunkte und zum dauernden Sitze einer solchen Stiftung, deren Zweck und Einrichtung eine Berathung der umsichtigsten Verehrer des Gefeierten genauer feststellen und den Mitteln gemäß durchführen wird, die von allen Orten Deutschlands dorthin gelangen.

Ob eine Kunstschule, ob eine Sammlung von Kunstschätzen; ob eine Akademie zur Hebung und zur Förderung der schaffenden und darstellenden Künste, ob irgend eine andere ähnliche Veranstaltung ins Leben gerufen werden soll, möge zu seiner Zeit ein Kreis von Männern entscheiden, welche die Wahl der Betheiligten dazu bestimmt haben wird. Der deutschen Kunst soll in jedem Falle die Stiftung gelten."

Berlin, den 5. Juli 1849.

E. F. August. Boeckh. P. v. Cornelius. Diesterweg. Holzapfel. A. v. Humboldt. Kugler. v. Küstner. Lichtenstein. Maßmann. Odebrecht. v. Olfers. Pischon. Chr. Rauch. L. Rellstab. Rötscher. C. F. Rungenhagen. v. Schelling. Stüler. Teichmann. Varnhagen v. Ense. Werder. Zeune.

Die gefeierten Namen, die diesen Aufruf erließen, unter denen wir eine Reihe finden, die mit Goethe in engeren persönlichen Verhältnissen und Verkehr gestanden, begingen nur den kaum wieder gut zu machenden Fehler, daß sie nicht gleich das Kind beim Namen nannten. Sie hatten Kraft, Kenntniß, Ansehn und Vertrauen genug, um die Gebildeten um sich zu schaaren zum Angriff eines vorgeschlagenen, von ihnen bedachten Werkes. Sie warfen damit den Erisapfel in die Welt. Wer von vorn herein die Verhandlungen über die verschiedenen Vorschläge kennt, wird das eingestehen und der Erfolg war auch, wie zu erwarten, resultatlos.

Erst nach einer Reihe von Jahren, nachdem man von Berlin aus einen begrenzten Vorschlag gethan, kam einiges Leben in die Angelegenheit.

Doch es wäre unrecht darüber weiter zu reden. Genug, daß bedeutende Männer der Nation die Verpflichtung anerkennen und dahin streben, für Goethe ein bleibendes Gedächtniß zu stiften. Es stünde auch schlecht um uns, wenn wir so tief herabgesunken wären, ihm nicht ein äußeres Zeichen davon aufzustellen, was in dem Herzen aller Edlen lebt. Doch dem ist nicht so, wir werden nur in Verlegenheit sein, es auf eine dem Gegenstand angemessene würdige Weise ins Werk zu setzen.

Wenn wir zugestehen müssen, daß das was Goethe uns in seinen Schriften überliefert hat, der Baum ist, dessen Schatten uns Erfrischung gewährt, dessen Früchte uns eine gesunde erquickliche Nahrung geben, so scheint es ganz einfach, daß wir denselben gegen Muthwillen schützen, daß wir ihn pflegen, in seiner Kraft zu erhalten suchen, damit er immer neue Blüthen und Zweige treibe.

Seinen größten Einfluß hat Goethe durch Kunst und Poesie geübt und da wäre es das natürlichste, daß man für Belebung und Förderung dieser die Kräfte sammele. Da aber das Feld zu groß ist und sich die Schillerstiftung des einen Theiles angenommen, so ist es gewiß zweckmäßig, besonders im Beginne, wo die Mittel nicht so umfangreich sind, sich auf den andern Theil, die bildende

Kunst zu beschränken. Und nach verschiedenen vorbereitenden Versammlungen haben sich die Mitglieder der Berliner und Weimarer Vereine auch in diesem Entschluß geeinigt.

Damit war ein bedeutender Schritt zum Ziel gethan, aber der Kampf begann nun auf einem neuen Felde. Es fragte sich, in welcher Weise man die Kunst in unsrer Zeit durch die Goethestiftung fördern könne. Auch darüber kam man endlich zu dem Beschluß, daß es durch Preisaufgaben geschehen solle.

Jetzt hätte man meinen sollen, es wäre der Zweck (Förderung der bildenden Kunst) und die Mittel und Wege (durch Preisaufgaben) vollkommen festgestellt und es könne dem Inslebentreten der Stiftung nichts mehr im Wege stehen, als überhaupt und durch Bildung von Localvereinen die Mittel zu beschaffen.

Wer sich um die Kunstzustände in unserem Vaterlande und überhaupt in unserer Zeit genauer bekümmert, dafür ein Interesse hat, wird aber wissen, daß auf diesem Gebiete eine totale Sprachenverwirrung herrscht. Zwei Hauptrichtungen suchen einander das Feld streitig zu machen: der Naturalismus und Idealismus. Welche von diesen soll nun das Panier der Goethestiftung sein? besonders da sie sich nur mit der Historienmalerei im höhern Sinne befassen darf, wenn sie überhaupt der Förderung der Kunst sich anzunehmen vorgiebt.

Daß Kunst und Natur nicht gleichbedeutend sey, daß die Darstellung der gemeinen Wirklichkeit nicht Kunst sei, wird Niemand bezweifeln. Die täuschende Nachahmung des Geschreies eines Thieres, selbst des Gesanges der Nachtigall, wird man nicht für Musik ausgeben; eben so wenig wie man zwei veritable Höcken- oder Fischweiber, um einen recht natürlichen Scandal darzustellen, auf die Bühne bringen, und das für ein Drama ausgeben wird. Auch wird man Niemanden überreden wollen, daß eine über das Leben geformte und recht naturgetreu angemalte Wachsfigur, mit wirklichen Kleidern angethan, ein edles Kunstwerk sey.

Die Darstellung eines Gegenstandes kann erst dann den Namen eines Kunstwerkes verdienen, wenn er der gemeinen Wirklichkeit entrückt, wenn er in einen sittlichen Bezug zur Menschheit gebracht wird. Der Künstler muß den Gegenstand erst zum Kunstwerk erheben, an sich ist er nur roher Stoff. Die Fabel eines dramatischen Werkes, aus der Geschichte genommen, ist kein Kunstwerk, sie ist nur der Hacken, an den der Künstler sein Kunstwerk befestigt, das Gefäß, in das der Genius erst den Gehalt hineinlegen muß.

Es würde wohl manchem anmaßend erscheinen, wenn ich das ausführlicher auseinander setzen wollte; das ist schon hundertmal geschehen, das kann man in Goethe's Werken fast auf jeder Seite lesen, das muß man bei jedem Kunstwerk erkennen und empfinden. Poesie und Kunst soll uns veredeln, über die Wirklichkeit des gemeinen Lebens emporheben, soll uns absolute, nicht gemeine Wahrheit geben. Wie aber der Inhalt, Gehalt eines Kunstwerkes ein edlerer höherer ist, so muß auch die Form demselben gemäß seyn. Und auch diese finden wir in der Wirklichkeit nicht, obgleich wir sie in der Wirklichkeit zu suchen haben: Aus dem ernsten Studium der Natur, aus hundert und aber hundert einzelnen Fällen erkennen wir die Absicht, die Zwecke der Gestalten, die in der Wirklichkeit fast nie zur Vollkommenheit im einzelnen Fall gelangen. Der Künstler, der Genius aber bildet im Sinn des Schöpfers vollkommene, der Absicht, dem Sinn seiner Schöpfungen entsprechende Gestalten mit entsprechenden Formen. Man glaubt, und die Anhänger des Naturalismus glauben es besonders, daß die genaueste Nachahmung des einzelnen Falles in der Wirklichkeit eine Kenntniß der Natur zeige. Das ist ein grober Irrthum; der Idealist muß durch ernstes unendliches Studium sich eine so vollkommene Kenntniß erwerben, daß er selbstschöpferisch frei damit walten kann.

In der Versammlung der deutschen Kunstgenossenschaft zu Antwerpen hatte man die Frage aufgeworfen: Welchen Einfluß übt der moderne Geist auf die heutige Kunst aus? Man hat Verschiedenes darauf geantwortet; man hatte gefragt: Besitzt unsre Epoche ein ihr eigenthümliches Princip, welches den plastischen Künsten einen neuen Styl geben könnte? Hier hat man von vielen Seiten den Realismus als Princip aufstellen wollen, was unsre Zeit kennzeichne. Ein anderer hat gemeint: die Souveränität des Volks, ein erleuchtetes Gefühl über die Würde der Menschheit, wie es die vergangenen Zeitläufe nicht gekannt haben, sey das Kennzeichen unserer Zeit. Dagegen hat man gefragt: ob es nichts gebe, was über dem Menschen liege und woraus dem Künstler wahre und fruchtbare Inspirationen zu seinem Schaffen zufließen, aus dem Unendlichen, aus der Gottheit? — Das Absolute, das Unendliche, erwidert ein Anderer darauf, könne gegenwärtig nicht mehr die Quelle der Inspirationen seyn, weil der Künstler heutzutage nicht mehr daran glaube. Noch ein Anderer will die Kunst popularisiren und den Einfluß derselben so heilsam als möglich für alle Klassen machen.

In allem ist, recht verstanden, ein Fünkchen Wahrheit; selbst für den Materialismus oder Naturalismus, gegen den ein Redner mit Recht vorgebracht hat, daß derselbe in System und Formel gebracht, der Kunst ungemein schaden und die traurigsten Consequenzen nach sich ziehen würde, läßt sich etwas zum Vortheil sagen. Es zeigen aber alle diese Aeußerungen, daß man nur nach einem Recept sucht, wie man ein Künstler werden könne, ohne tiefen innern Beruf, und wie man dem Publikum ein qui pro quo aufbündeln könne. Nach der Hauptsache, der Grundbedingung aller Kunst: Genius, Tiefe des Gemüths, Erkenntniß und Erforschung des höchsten Menschlichen, Göttlichen wird nicht gefragt. Das Unendliche, das Göttliche können wir aber nicht direct erkennen, anschauen und darstellen, wir können es nur in seinen Offenbarungen finden, in den Erscheinungen. Das Vermögen dazu, das Göttliche selbst muß in uns liegen: Was der Mensch nicht in sich hat, das erkennt er auch nicht außer sich:

> Wär nicht das Auge sonnenhaft,
> Wie könnten wir das Licht erblicken;
> Wär nicht in uns des Gottes eigne Kraft,
> Wie könnt' uns Göttliches entzücken!

Der Künstler strebe also nach Erkenntniß des Höchsten in den Erscheinungen, er steige in die Tiefen seines Gemüths, um die entsprechende Empfindung und innere Anschauung zu suchen. Findet er da nichts als Leere, so lasse er ab von der Kunst, will er das nicht, so mag er durch anhaltenden Fleiß ein Maler werden, ein Künstler wird er nun und nimmermehr.

Die Naturalisten, oder wie sie sich umgetauft haben, die Realisten, — nicht wegen des bessern Verständnisses, sondern weil sie meinen, sie wären dadurch eine Stufe höher gerückt — wollen nun principiell von etwas Höherem nichts wissen, sie halten das Ziel der Kunst für ein — wenns wahr wäre — genaues Abschreiben der Natur, für Darstellung der Wirklichkeit. Das möchte noch seyn, wenn sie es nur auf eine liebevolle Weise mit hingebender Empfindung thäten. Die Niederländische Schule hat dem Naturalismus und Realismus gehuldigt, aber sie konnte nicht zur Gemeinheit herabsinken, weil das Geistreiche der Ausführung, die Poesie des Hellbunkels und der Farbe davor bewahrte. Auch in Italien riß der Naturalismus durch Ribera und seine Nachfolger ein, die aber noch immer fast Rafaels gegen die neuesten Naturalisten waren, bis sie endlich zu Fleckenmalern herabsanken (Macchianten) wie sie die Italiener nannten. Und das ist der Standpunkt der meisten unsrer Naturalisten von heute. Bunte Flecken ohne bestimmte Form neben einander gesetzt, die von einer Gestalt so viel geben wie ein alter Weidenbaum im Dämmer- oder Mondenschein allerhand Gestalten vorfabelt. Wenn man hier mich der Uebertreibung, wohl gar der Unkenntniß und Unwahrheit zeiht, so muß ich hinzufügen, daß ich freilich nur von solchen rede, die ihr regelloses Streben gern allgemein geltend machen, und die zwecklos Hinlebenden, die freilich zum öftersten die Bezahlenden sind, für dieses leere Treiben gewinnen möchten.

Durch die Form aller Erscheinungen offenbart sich das Göttliche in der Kunst, und die ist etwas vom Gegenstand von dem geistigen Gehalt nicht zu Trennendes, Abgesondertes; und die al=

lein für den Ausdruck desselben passende, tiefgefühlte Form, kennt und findet nur der Künstlergenius.

Vis superba formae!

ein Wort das Goethe zur Bewunderung zwingt. Freilich bedarf es bei einem Kunstwerke Liebe, Sammlung, wie zum Nachempfinden jeder bedeutenden Aeußerung eines großen Menschen; ein solches kann man nicht so überhin anblinzen und gleich ausrufen: Ah!!! Mit einem solchen Ausruf ist aber auch ein solches Product gleich für immer abgethan, für ewig verdammt; anstatt daß man zu einem bedeutenden Kunstwerk immer von Neuem und immer mit steigender Bewunderung und Genuß zurückkehrt, bis ins Einzelne des Einzelnen geführt wird, weil jeder Strich Geist, Empfindung, Schönheit athmet.

Wem es um Kunst ernstlich zu thun ist, der wird Goethe's Werke mit immer wachsender Bewunderung studieren. Absichtlich hab' ich bei den bedeutendsten lebenden Künstlern, die ich kennen zu lernen Gelegenheit fand, nach diesem Punkt geforscht, und habe bei solchen immer eine tiefe Kenntniß der Goethe'schen Ansichten gefunden.

Doch es ist hier nicht der Ort, das alles ausführlicher nachzuweisen, ich erwähne nur noch, daß die jetzige Erscheinung in der Kunst schon öfter dagewesen ist. Immer strebt sie beim Beginn aufwärts nach dem Gipfel, den sie in einer Zeit bei einem bestimmten Volke überhaupt zu erreichen fähig ist. Hat sie den erreicht, so kann sie sich nicht lange darauf erhalten, sie verlangt Bewegung und wenn sie diese nicht aufwärts machen kann, so bewegt sie sich abwärts, bis endlich zur leersten Manier, zum gemeinsten Naturalismus. Dann aber haben sich immer wieder tüchtige, einsichtige Menschen gefunden, die sie wieder nach oben leiten wollten. Das bezweckten auch Winkelman, Goethe und sein Freund Meyer durch Wort und Anregung; Mengs, Carstens, Thorwaldsen u. A., später die neudeutsch-religiöse Schule practisch. Goethe und Meyer versuchten am Schluß des vorigen und zu Anfang dieses Jahrhunderts diesen Zweck durch das Institut der Preisaufgaben zu fördern, was sie vorher durchs Wort vorbereitet hatten. Geist, Ernst, Studium, Erfahrung stand ihnen zur Seite und der Erfolg entsprach auch ihren Absichten.

Die Zeit war aber ungünstig: mit der Unterjochung Deutschlands wurde auch das Streben in der Kunst unterdrückt, bis die endliche Befreiung vom fremden Joch eine Anzahl tüchtiger junger Männer zu einem neuen Aufschwung fortriß: die neudeutschreligiöse Schule nahm das Kunstgebiet in Besitz und Goethe und Meyer mußten das begonnene Werk mit Verdruß gehemmt sehen. — Das Rechte, Tüchtige, nicht an dieser Richtung, aber an den Besten dieser Richtung erkannte Goethe besser als die blinden Anhänger, und mehrere dieser Schule, besonders das Haupt derselben, Cornelius, würdigten wohl die Trefflichkeit der Goethe'schen Ansichten. Derselbe äußerte einmal persönlich gegen den Verfasser, daß Goethe vollkommen Recht gehabt habe, und daß er nur bedaure, daß er ihn in der letzten Zeit nicht gesehen und gesprochen habe; er (Goethe) würde gewiß gemeint haben, daß er (Cornelius) doch nicht auf so unrechtem Wege sey. Und wer wollte auch verkennen, daß die Besten unserer Künstler mit Goethe in Harmonie seyen, weil das Rechte immer das Rechte bleibt, wenn auch die Aeußerungen desselben verschieden sind. Die rechte, von Goethe angelegte und geebnete Bahn ist noch da, es giebt nur Maulwürfe, die sie unwühlen möchten.

Man hat aber immer gesagt, daß Goethe nur die antike Kunst als das Höchste geschätzt habe, daß die Gegenstände für seine Preisaufgaben nur aus dem Alterthum gewählt seyen; er habe die Neuern gar nicht gelten lassen. Was haben aber überhaupt die Leute nicht alles Abgeschmacktes über Goethe gesagt? Diesen Vorwurf hat er in dem Aufsatz: „Antik und modern" widerlegt und seine Schriften geben hundert und aber hundert Mal Zeugniß, daß diese Angabe falsch ist. Da ich eine Darstellung der Goethe'schen Preisaufgaben am Schluß beifügen will, so begnüge ich mich hier mit diesem bloßen Anführen.

Wenn wir aber, wie ich wiederholt erinnere, zugestehen, daß Goethe der Genius war, der seinem Volke, seiner Zeit, der ganzen Menschheit eine Leuchte war und ist, der den Bestrebungen, der Erkenntniß der Menschheit eine neue Richtung gegeben; wenn wir das auch in Beziehung auf Kunst von den besten Geistern unserer Zeit zugestanden sehen: so wäre es doch mindestens tollhäuslerisch, wenn zu dessen ehrendem Gedächtniß ein Institut ins Leben gerufen werden sollte, das eine von ihm ganz verschiedene Richtung einschlagen wollte.

Man hat mir dagegen eingewendet: Wollte man auch das alles ohne Weiteres zugeben, wollte man die Richtigkeit einer solchen Folgerung gelten lassen, so würden wir doch immer, unter den jetzt obwaltenden Umständen an der Ausführung scheitern, und durch diese allein, durch deren Möglichkeit könnte erst die Richtigkeit dargethan werden. Und darüber will ich meine Meinung hier mittheilen.

Wenn durch die Goethestiftung etwas Ersprießliches für die bildende Kunst erreicht werden soll, so kann das nur durch **Preisaufgaben für eigentlich historische Kunst geschehen!**

Was versteht man denn aber unter einem Kunstwerk in **streng historischem Sinn?** Muß das einen biblischen oder überhaupt religiösen Gegenstand vorstellen? ein historisch-politisches Ereigniß, ein mythologischer Gegenstand sein, ein Ereigniß aus dem täglichen Leben? — Keins von allem und Jedes! Vorerst muß das Kunstwerk einen tiefen, das Gemüth ansprechenden, erregenden Gedanken, Empfindung vor die Sinne stellen, den der Künstler in einen Gegenstand hineinlegt. Mag nun der Künstler den Gedanken voraus haben und einen würdigen passenden Gegenstand zu dessen Ausdruck suchen, erfinden, oder mag ein Gegenstand die Empfindung erst in dem Künstler erregen, das ist einerlei. Es kann dieselbe Empfindung, derselbe Gedanke sich in hundert einzelnen Fällen, Nüancen aussprechen lassen, in die Erscheinung zu stellen seyn, die Wahl ist Sache des Künstlers. Nicht die Begebenheit also, nicht die Gattung des Kunstwerks, nicht die Form an sich, sondern der sich mit dem Ausdruck seiner tiefen künstlerischen Empfindung innig verbindende Gegenstand und Form machen das Kunstwerk zum Kunstwerk. Wer einen Gegenstand darstellt, wie ihn die Erzählung ihm liefert, oder wie er ihm aufgetragen wird, wobei er nur die Worte in Figuren übersetzt, der liefert eine Illustration. Und die meisten unserer neueren sogenannten Historien sind nichts als Illustrationen. Die können nun in mancher Beziehung einzelnes Vortreffliches geben, selbstständige Kunstwerke sind es aber nicht.

Wenn aber aus unserer Kunst, sagt man, etwas werden, wenn sie einen neuen, eigenthümlich bedeutenden Aufschwung nehmen soll, so muß sie etwas Zeitgemäßes, aus dem Volk herausgewachsenes, Bedeutendes seyn. Nun, könnte man antworten, es ist unter dem Zeitgemäßen mitunter schönes Kraut, was auf unsern Fluren wächst, nicht des Ausraufens werth. Und ist denn das Große, das Bedeutende nicht für alle Zeiten zeitgemäß? Hat denn Goethe und alle die großen Männer, die bis jetzt gelebt, an deren Werken wir uns bilden, auferbauen, mit Bewunderung emporschauen, die unsere gebildeten Nachkommen, hoffentlich! gleichfalls bewundern und verehren werden, Unbedeutendes, Vorübergehendes gefördert? Ich dächte nicht! Aber diejenigen, die s. g. Zeitgemäßes fordern, fordern nur den Materialismus. Haben nicht gerade die bedeutendsten Männer immer den verderbten Modegeschmack niederkämpfen müssen? sind sie nicht gerade eben darin groß gewesen, daß sie sich dem Nichtigen entgegenstellten, das Schlechte bewältigten? Die großen Ideen der Kunst sind von Ewigkeit her dieselben, werden in Ewigkeit dieselben bleiben, sie werden sich nur in verschiedenen Zeiten, in den wechselnden Begebenheiten verschieden offenbaren. Dieselben Ideen werden sich den verschiedenen Menschen in verschiedenen Gegenständen kund geben. Und das ist ganz recht! Deshalb mag jeder Künstler den Gegenstand wählen, der ihm was davon offenbart; offenbart er ihm aber nichts, da ist ihm eben nicht zu helfen. — Wie oft ist nicht schon erwähnt, daß die Iphigenie von Goethe ein echt deutsches Product sey, obgleich der Stoff aus dem Alterthum genommen. Und müßten wir nicht das Beste verwerfen, wenn wir alles verwürfen, was nicht s. g. Vaterländisches ist. Nicht der Stoff; die Behandlung, der Gehalt, den der Künstler hineinlegt, ist das Kunstwerk.

Wenn man sagt, daß die Gegenwart kein solches Bedürfniß habe, so ist das grundfalsch. Wenn man sagte, die ganz ungebildete Masse, und das ist nicht etwa blos die so genannte nicht gebildete Welt, gewöhnt sich nur an das Schlechte, was ihr die Afterkünstler bieten. Das kann man so gedankenlos verspeisen.

Aber auch selbst diese Art Künstler hat nicht den Muth, das Tüchtige öffentlich herabzusetzen. Welche Ironie! Die deutsche Kunstgenossenschaft hob den Kranz auf, den die Belgier vor die Werke des Cornelius niedergelegt hatten. Nur die kleinen Geister sagen unter sich, amüsiren sich heimlich, oder wenn sie einen Schwachkopf finden, der es anhören mag, mit der banalen Redensart: Ein überwundener Standpunkt! Wahrhaftig! eine Redensart, die eines Commis voyageur vollkommen würdig ist. Was heißt denn, einen Standpunkt überwinden? Doch wohl, einen höheren eingenommen haben? Das wollen die Herren Naturalisten gewiß nicht sagen, das glauben sie selbst nicht, weil der Naturalismus gar kein Standpunkt ist! Oder sollten sie doch?

Man wird mir aber vielleicht vorwerfen, daß ich absichtlich vom Naturalismus spreche. Der Realismus sey ihr Losungswort! Da ließe sich freilich nichts dagegen sagen, wenns wahr wäre! Alle Kunst muß eine reale Grundlage haben, in der Luft kann ein Werk nicht schweben; ja wir sind selbst gezwungen, wenn wir unsichtbare Wesen bilden, ihnen eine gründlich reale Bekleidung anzuthun. Wenn wir Götter handeln lassen, so müssen wir es ganz wie bei Menschen geschehen lassen. Wenn man sich nur deutlich aussprechen wollte. Trotz aller Mühe habe ich aber noch nichts erfahren können, als daß man die Wirklichkeit, das wirkliche Leben, so wirklich wie möglich dargestellt darunter verstehe. Und das nenne ich Naturalismus; auf sogenannte Historienmalerei angewendet: Illustration.

Ferner belieben die Naturalisten, oder meinetwegen Realisten, zu sagen, der Idealismus sey leere, conventionelle Form. Da stünd' es freilich bös mit ihm, dann freilich hätten sie halb recht, sich dem Naturalismus zuzuwenden. Da aber der Idealismus, wie schon erwähnt, eine tiefere Kenntniß und Erkenntniß der Natur fordert, eine weit höhere Wahrheit, daß, um zu ihm emporzusteigen, ein weit ernsteres Studium nöthig ist, so haben sie ganz unrecht. Auch beruht der Idealismus in der Kunst nicht blos auf der idealen Form, sondern in der höheren Auffassung eines Gegenstandes, in dem Emporheben über die gemeine Wirklichkeit; die Form bequemt sich nur diesen.

Man strebe also zuvörderst nach höherer Bildung, nach Tiefe des Gemüths; man suche sie nicht blos außer sich, man forsche sein Inneres durch. Und dahin leite man gleichzeitig junge Künstler; darin suche man den Grund zur Besserung unserer Kunstzustände. Das Herumflicken an dem Formellen fördert keinen Schritt im Wesentlichen. Und darauf dringt Goethe auf jeder Seite, und dahin wollte er durch die Preisaufgaben practisch leiten.

Wenn wir das aber erkennen, so kann die Goethestiftung keinen andern Weg einschlagen, sie kann nicht etwas Entgegengesetztes thun, sie kann den falschen Weg nicht noch prämiiren. Also:

Bestimmte Preisaufgaben rein historischen Gehalts.

Gegen die Wahrheit dieses Satzes an sich habe ich bei den Berathungen nichts Bestimmtes vernommen, wohl aber Manches über die Ausführbarkeit in unsrer Zeit, über die Schwierigkeit überhaupt. Schwierigkeiten hat die Sache, in welcher Form sie durchgeführt wird; und es fragte sich nur, ob man für etwas Rechtes, Wirksames oder für etwas Gleichgültiges, wohl gar natheilig Wirkendes sich bemühen will. So weit ich mich erinnere, will ich deshalb die einzelnen Einwendungen erwähnen und zu beantworten suchen.

a. Wer soll die Preisaufgaben stellen?

Nach den vorläufigen Satzungen soll ein besonderes Comité von 10 Künstlern eingesetzt werden, die das Künstlerische zu leiten haben. Bei 10 Betheiligten kann man aber annehmen, daß eine Uebereinstimmung nicht so leicht erzielt wird. Und wo sollen 10 bedeutende Männer herkommen, die für ernste Historie sind. Brächte man sie aber auch in ganz Deutschland zusammen, würden sich alle geneigt finden, eine weite Reise zu unternehmen, um mehrere Tage in Weimar zu berathen? Was würde das endlich für einen Aufwand herbeiführen. Sind es wirklich tüchtige, einsichtige Männer, die sich wahrhaft für Förderung der Kunst interessiren, so sind drei mehr als hinreichend. Diese stellen die Aufgaben. Könnten sie sich über zwei Aufgaben nicht vereinigen, nun so überlasse man es dem Vorstand, die dritte auszuscheiden oder man schreibe, wenn sich nichts Entschiedenes gegen eine vorbringen läßt, alle drei aus. Es bedürfte dabei nicht einmal einer Zusammenkunft dieser drei, man könnte sie gegenseitig den einzelnen zuschicken.

b. Wer soll Preisrichter seyn?

Ich setze voraus, daß diejenigen, welche die Aufgaben zu stellen haben, drei tüchtige Künstler seyen, daß sie also das beste Verständniß haben, daß sie die Sache sorgfältig bedenken werden, zumal da sie vor die Oeffentlichkeit damit treten. Deshalb mögen sie auch Richter seyn. Da ferner die eingegangenen Concurrenzstücke an verschiedenen Orten ausgestellt werden können, so werden sie auch dadurch controlirt und die Kritik kann sich darüber äußern, so daß auf diesem Wege auch die Kunstkritik in eine bessere Bahn geleitet werden kann, die jetzt jedem Vernünftigen ein Greul seyn muß.

Noch hat man angeführt, daß nicht leicht Männer zu finden seyn würden, welche sich diesem mühsamen und heiklichen Geschäft unterziehen würden. Diese Furcht habe ich in dem Falle nicht, daß die Preisrichter ganz selbstständig, unabhängig sind von den Vorständen und den Mitgliedern. Wenn sie in größeren Versammlungen ihre Urtheile rechtfertigen, vertheidigen sollten, so würde sich gewiß kein einziger tüchtiger Mensch finden. Wer das einmal versucht hat, versucht es nicht zum zweitenmale. Es wäre nöthig, daß man erst einen ästhetischen Cursus eröffnete, bevor man über etwas abstimmen ließ, und das würde nicht ausreichen. Bei solchen Gelegenheiten behalten immer die recht, welche am wenigsten verstehen, weil sie die Verständigen durch formelle Einwendungen, durch Fragen so belästigen, daß kein anderer Ausweg möglich ist, als zu schweigen. Goethe hatte das wohl oft erfahren, wie wohl mancher Andere und giebt den Rath:

> Laß dich zu keiner Zeit
> Zu Widerspruch verleiten;
> Weise fallen in Unwissenheit,
> Wenn sie mit Unwissenden streiten.

Da die Preisrichter ein motivirtes Urtheil über die gekrönten Werke abgeben werden, so können auch die Grundsätze, die sie dabei geleitet haben, der allgemeinen Beurtheilung unterworfen werden. Sollte sich zu Anfang die Tages-Presse etwas übel deshalb auslassen, so wird sich das bald geben. Auf diese Weise könnte man in Deutschland zugleich ein Tribunal gründen, eine Academie, die den wohlthätigsten Einfluß übte. Man verlange nur nicht, daß gleich alles im besten Gange sey.

c. **Wie soll die Ausführung der Concurrenzstücke seyn?**

Goethe verlangte nur Zeichnungen oder Skizzen, über die Größe war nur bestimmt, daß die Figuren nicht unter 9 Zoll sein sollten, damit sich Form und Ausdruck deutlich daraus erkennen lasse. Der Grund dafür war zunächst wohl kein anderer, als der geringe Preis, den er zu stellen hatte; er wollte die Künstler nicht zu großem Zeit- und Geldaufwand veranlassen. Aber auch davon abgesehen, so erfüllten die Zeichnungen den Zweck mindestens eben so gut, wo nicht besser. Dieser ging auf Inhalt, Erfindung, überhaupt auf den wahren künstlerischen Gehalt, der sich in einer Zeichnung der Hauptsache nach fast besser beurtheilen läßt, wenn die Farbe nicht bethört. Sind die Zeichnungen günstig beurtheilt oder das Verfehlte mit Einsicht nachgewiesen, so hat der Künstler im ersteren Fall den Vortheil, daß, wenn er sein Werk nun gut ausführt, er leichter einen Käufer finden wird, für den andern, daß er die Composition vorher verbessern kann. Es ist, nebenbei bemerkt, jetzt sogar eine große Liebhaberei für Cartons vorhanden, man hat ja schon mehrere Ausstellungen davon veranstaltet, man hat Sammlungen von Cartons angelegt. Ich meines Theils halte das für ein gutes Zeichen der Zeit, für eine Rückkehr zum Bessern.

Die Zeichnung ist der beste Prüfstein des Kunstwerks, das kann man an Kupferstichen sehen nach sonst berühmten Bildern.

Zeichnungen können ohne bedeutenden Aufwand an viele Orte zur Ausstellung kommen, sind auch keiner so großen Gefahr unterworfen wie Bilder. Durch diese erweiterte Ausstellung können die Kosten der Verwaltung dieses Zweiges, bei mäßigem Entrée vollständig gedeckt und die Einkünfte der Stiftung lediglich zu Preisen verwendet werden. Damit soll ja auch keineswegs den Künstlern verwehrt seyn, ihre Concurrenzarbeiten vollständig auszuführen.

Ein Hauptpunkt dabei ist aber, daß nicht bedeutende Summen nöthig sind, um die Wirksamkeit der Stiftung sogleich ins Leben treten zu lassen.

d. Die Mitglieder, Vortheil für dieselben.

Man hat noch angeführt, daß sich wenig Mitglieder finden würden, wenn sie für ihre Beiträge gar nichts bekämen, nicht einmal an Orten, wo Zweigvereine wären. Wenn das wahr wäre, wenn sich in Deutschland und bei einzelnen Deutschen im Auslande nicht mehr Verehrung fände für Goethe, daß es erst der Lockung eines Lotteriegewinnes bedürfte, der wenigstens einen Theil des Einsatzes wiederbrächte: so unterlasse man ja die ganze Sache. Ja ich würde selbst davon abrathen, wenn das der einzige Weg zum Zustandekommen wäre, ich würde mich bedenken, Mitglied zu seyn. Hat denn nicht jeder Deutsche seinen Gewinn durch die aus Goethe erlangte Bildung schon voraus, und wird er nicht durch das Institut, wenn es in gleichem Sinne zu wirken sucht, nicht immer neue Belehrung durch die hervorgerufenen Werke erhalten? und ist die

Förderung der Künstler, der Kunst nicht auch eine Sache, bei der jeder Deutsche interessirt seyn muß?

Die Befürchtung ist aber auch nicht begründet! Freilich zu tausenden werden sich die Leute nicht an jedem Orte an der Stiftung betheiligen; aber Deutschland ist groß; und die Zahl derer, die in Goethe's Werken ihre höhere Bildung finden, wächst immer mehr. Wenn aber nur diese sich betheiligen, so hat das Unternehmen einen festen Grund und wird Frucht bringen.

Das Speculiren auf möglichst große Betheiligung bei unsern Kunstvereinen durch Vertheilung möglichst vieler kleiner und unbedeutender Gewinne und oft schlechter Nietenblätter hat alle Kunstvereine zu Grunde gerichtet, zu Instituten der Geschmacksverderbniß herabgewürdigt. Es ist so weit gekommen, daß man auf den meisten der Kunstvereinsausstellungen kein Werk findet, das nur einer mäßigen Beachtung werth ist, wenn nicht ein Künstler am Ort durch Verhältnisse veranlaßt ist, sein Erzeugniß auszustellen. Man muß annehmen, daß tüchtige Künstler es unter ihrer Würde halten, auf diesen Trödelmärkten zu erscheinen.

Die Menschen sind lange nicht so schlecht als man glaubt, sie lassen sich für etwas Bedeutendes wohl enthusiasmiren, man muß sich nur nicht Mühe geben, ihren Geschmack durch dergleichen Institute zu verderben. Wenn das aber gar von Seiten geschieht, von wo aus man Förderung des Rechten erwarten muß, dann ist es böse, und ein neues solches Institut unter öffentlicher Autorität in's Daseyn zu rufen, wirkt um so verderblicher. Will man nicht etwas fördern, was Goethe's würdig ist, so, ich wiederhole es, unterlasse man lieber alles. Weimar vorzüglich hat wachsam zu seyn, daß der alte Ruhm, Bildung gefördert zu haben, der Sitz derselben gewesen zu seyn, sich nicht in's gerade Gegentheil wende.

Aber auch die einzelnen Mitglieder können befriedigt werden, wenn es ihnen um Nutzen aus der Sache zu thun ist, da es nicht fehlen kann, daß von wirklich tüchtigen, gekrönten Werken Nachbildungen erscheinen werden. Man versuche es nur, und man wird finden, daß der Sinn für's Rechte noch nicht aus der Welt verschwunden ist, man verlange aber dabei nicht, daß gleich ein Institut dastehe, das wie der babylonische Thurm aller Welt sichtbar sey. Das Vortreffliche gedeiht nur langsam, aber es wirkt stetig wie Naturkräfte. Das Schlechte steigt über Nacht, wie Pilze aus der Erde, aber vor dem Sonnenlicht des nächsten Tages fällt es auch wie Pilze in Nichts. Auch die politisch bewegte Zeit hat man als der Stiftung hinderlich bezeichnet. Dagegen läßt sich nachweisen, daß solche fast zu allen Zeiten Künste und Wissenschaften gefördert haben: Bei den Griechen, unter den Mediceern, unter Papst Leo X. und seinem Vorgänger, auch unter Napoleon I. durch die David'sche Schule. Wenn die Geister aus ihrer Trägheit aufgerüttelt sind, so wenden sie sich energischer nach allen Seiten.

Wenn man nun noch bemerkt hat, daß man das, was die Zeit hervorbringt, in seiner Weise als ein Product der Zeit fördern solle und nicht dem Künstler den Weg vorschreiben, was und wie er arbeiten solle: so ist das allerdings wahr; aber nur unter der Bedingung, daß es Künstler seyen, die über der Masse stehen. Diese werden aber gerade den Weg angeben, den wir zu gehen haben, wie sie jetzo den Weg verschmähen, den man ihnen von mancher Seite als den rechten aufdringen will. Wenn wir der Meinung sind, daß man alles gehen lassen könne, wie es eben geht, was bedarf es dann einer Stiftung? Wir haben dann auch gar keine Verpflichtung und kein Recht, die Werke der Künstler zu beurtheilen, das mögen die Käufer thun!

Zu demselben Zweck, um mehr Mitglieder anzulocken, hat man noch vorgeschlagen, den verschiedenen größern und kleinern Vereinen, der Reihe nach, das Recht zu geben, für irgend ein öffentliches Bedürfniß ihres Sitzes ein Werk vorzuschlagen, anfertigen zu lassen, zu kaufen: eine Brunnenfigur, ein Kirchenbild, ja, an kleinern Orten, das Porträt eines verdienten Mannes. Das wäre an sich ganz artig, aber glaubt man die Kunst an sich durch dergleichen Localinteressen zu fördern? kann das die Aufgabe einer Goethestiftung seyn? Und würden da nicht wieder eine Menge Localeifersüchteleien, Zänkereien und Intriguen entstehen? und wer sollte die entscheiden?

die Goethestiftung? Das wird man doch nicht wollen. Und würden die übrigen Vereine über den Aufwand nicht mitzureden haben? Nein! die Stiftung darf sich durchaus nicht in dergleichen einlassen, sie hat nichts zu thun, als die Kunst als Kunst zu fördern; sie darf nun und nimmermehr ein moderner Kunstverein, welcher Art, werden, wenn sie ihre Aufgabe rein erfüllen will.

Die Kunst soll ja aber, kann man sagen, in's Volk dringen, alle Lebensverhältnisse durchdringen? Ja freilich! es fragt sich nur, auf welchem Wege? Die Kunst soll den Menschen veredeln, erheben, sein besseres Theil bilden. Erreicht sie das, so ist ihre Aufgabe gelößt. Die Veredlung des Menschen wirkt auf alle Lebensverhältnisse, und diejenigen, die sich berufen fühlen, für's Practische sie werkthätig zu machen, werden sich schon finden.

c. **Bestimmte Preisaufgaben ermöglichen ein gerechtes Urtheil.**

Wenn eine allgemeine Preisbewerbung ausgeschrieben wird, für Kunstwerke aller Art, ohne bestimmten Gegenstand: Historien, historisches Genre, Genre, Landschaften, Thierstücke ꝛc., so müßte man, um gerecht zu werden, eben so viel Classen machen und eben so viel Preise aussetzen. Jedes dieser verschiedenen Werke kann in seiner Art sogar vortrefflich seyn, aber unter einander lassen sie sich nicht vergleichen; es läßt sich schwer bestimmen, welches absolut das beste unter allen sey. Werden aber die drei Preisrichter, die Historienmaler seyn sollen, allen gerecht werden? Wer es kennt, wie einer, der eine höhere Gattung zu cultiviren meint, immer mit einiger Geringschätzung auf die, seiner Meinung nach, niedrigere Gattung herabsieht, der wird zugeben, daß hier keine Gerechtigkeit zu erwarten ist; und der nicht gekrönte Thier- oder Landschaftsmaler wird darin immer eine Partheilichkeit und, im einzelnen Falle, mit Recht erblicken. Und welche Masse von alten und neuen Bildern würden wir da erhalten, zu deren Ausstellung vor der Hand gar kein Local vorhanden wäre. Und was würde das nicht abermals für einen Aufwand herbeiführen, mit dem die Hauptsache nicht einen Schritt weiter gebracht würde.

Man klagt, daß die historische Kunst in der Jetztzeit gar keinen Boden habe; man könnte aber auch eben so gut sagen, daß es wenig gute Historienmaler gebe. Man gebe Gelegenheit, sich zu zeigen, man bereite den Boden allmählig vor durch die Goethestiftung. Theilweis sucht man den Mangel an Interesse dafür an der Wahl der Gegenstände und meint, man müsse Vaterländisches malen und darstellen. Das wäre ganz recht, wenn's mit vaterländischem Geist geschähe, wenn's aber vaterländische Prosa ist, da hilft der Gegenstand nichts; ist aber der vaterländische Geist vorhanden, so braucht der Gegenstand auch nicht auf vaterländischem Boden gewachsen zu seyn. Wenn man keine vollendet ausgeführten Kunstwerke fordert, sondern nur Zeichnungen, woraus Geist, Durchbildung des Gedankens, des Gehaltes, der sich in den Stoff legen läßt, hervorleuchtet: so können auch junge Talente mit concurriren, wie es bei dem Goethe'schen Preisinstitut der Fall war. Thun sie es auch nicht, um sofort den Preis zu erlangen, so werden Strebsame doch einige Winke erhalten, wohin sie ihre Aufmerksamkeit, ihren Weg zu richten haben.

f. **Möglicher Schaden für den Künstler.**

Auch das hat man noch erwähnt, daß eine nachtheilige Beurtheilung des Werkes eines Künstlers demselben sehr schaden könne. Ist sie gerecht, so mag er sich die Erinnerungen zu Herzen nehmen und sich bessern, wenn er Kraft hat; ist sie ungerecht, so wird er Ritter die Menge finden, die eine Lanze für ihn brechen; und dann ist der Vortheil eher größer für ihn, wenn er nach einem Kampfe siegreich aus dem Felde geht. Ja es wird dem gerecht getadelten nicht an gleichgesinnten Freunden fehlen, die, wär's nur aus Widerspruch, ihm beizustehen suchen. Wer keinen gerechten Einspruch vertragen kann, der meint es nicht ehrlich mit seiner Kunst. Ist die Ursache davon Dünkel, so schadet er sich allein. Der ernstlich Strebende wird immer von Neuem concurriren, wie auch Goethe bei seinem Institute erfuhr, wo die meisten, obgleich sie den Preis nicht erhielten, im Gegentheil mancherlei Tadel erfuhren, das nächste Mal etwas Besseres brachten. So muß es sein! Wer dadurch nicht zu Anstrengungen angespornt wird, der kann nicht zur Entwicklung seiner Kraft kommen, das ist eine träge unverbesserliche Natur.

g. **Sollen Nichtkünstler absolut von dem Preisrichteramt ausgeschlossen seyn?** Daß die ungerechtesten, unbilligsten, härtesten Urtheile über Kunstwerke von Künstlern ausgehen, ist eine Thatsache. Man braucht darin auch gar keinen Vorwurf zu erblicken: Wer eine gewisse bestimmte Richtung, die Darstellung einer gewissen Classe von Gegenständen für die rechte erkennt, und das muß er, sonst beginge er eine Sünde wider den heiligen Geist, der wird dem andern nie ganz gerecht werden. Das thut aber wenig; wenn er seine Kunst nur recht mit innerer Ueberzeugung treibt, so kann er sicher seyn, daß er eine Zahl correspondirender Seelen in der Welt findet. Das Wesentliche eines Kunstwerks kann aber ein Laie eben so gut, oft besser beurtheilen, als einer, der die Kunst practisch treibt. Dem Bedeutendsten gegenüber wird das freilich Niemand behaupten wollen. Es wäre auch sonderbar, daß nur diejenigen über ein Kunstwerk ein Urtheil, eine richtige Meinung deshalb haben sollten, weil sie eben malten oder meiselten. Ich kenne viele Kunstliebhaber, die einen bei weiten bessern Geschmack, Urtheil und feineren Kunstsinn haben als viele, die malen. Als Regel jedoch möchte ich festgehalten haben, daß nur Künstler zu Preisrichtern gewählt würden, weil man denen weniger den Vorwurf eines Mangels an vollständiger Kenntniß machen wird. Daß Einer von den drei Richtern ein Nichtkünstler seyn solle, hat auch mancherlei für sich. Die Erfahrung wird das wohl am Besten herausstellen. War doch auch Goethe ein Nichtkünstler nach dem gewöhnlichen Begriff, der mit zu Gericht saß, und ich sollte meinen, er habe seine Sache nicht schlecht gemacht. Die Leser können aus dem folgenden Capitel sich selbst davon überzeugen.

Es ließ sich wohl noch mancherlei über diese Angelegenheit sagen, worauf man gelegentlich oder durch Gegenrede aufmerksam würde. Der Zweck dieses Schriftchens kann aber nicht seyn, das Thema zu erschöpfen, es soll nur für den gegenwärtigen Fall auf=

merksam machen, daß nichts unternommen werde, was die Stiftung, wenn nicht unmöglich, doch unnütz, wohl gar schädlich mache. Einige Punkte werden sich noch aus der Relation über die Goethe'schen Preisaufgaben erledigen, die ich folgen lassen will.

II.
Die Goethe'schen Preisaufgaben.

Schon in den frühesten Zeiten gab es Wettspiele, besonders bei den Griechen. So fanden Wettspiele der Schönheit Statt unter Cypselus, König in Arcadien; desgleichen unter dem weiblichen Geschlechte zu Sparta und zu Lesbos, in dem Tempel der Juno und bei den Parrhasien. Zu Delphi wie zu Corinth gab es Wettspiele der Malerei unter besonders dazu bestellten Richtern, welche zur Zeit des Phidias angeordnet worden waren. Die Olympischen Spiele sind zu allgemein bekannt. Und so finden wir zu allen Zeiten Wettspiele in den verschiedensten Dingen, welche den allgemeinen Antheil des Volkes in Anspruch nahmen. Es liegt wohl in der Natur des Menschen, daß er seine bedeutendsten Mitbürger erkannt, anerkannt und ausgezeichnet wissen will; die Lenker der Völker und die Weisesten erkennen dergleichen als ein wirksames Mittel an, die Kräfte der einzelnen in Bewegung zu setzen, zu steigern. Der Drang des Einzelnen, sich vor Andern hervorzuthun, die Eifersucht auf seine Mitbewerber, spornt ihn zur Anstrengung, wodurch das Höchste erreicht wird.

In neuesten Zeiten geht das alles stiller ab: Wir schreiben Concurrenzen aus für das beste Lustspiel, für ein öffentliches Denkmal 2c. Das Volk nimmt nicht unmittelbaren Antheil, es werden keine allgemeinen Feste deshalb veranstaltet, die Richter sitzen abgesondert, wohl gar einzeln in ihrem Zimmer, um über den Preis zu berathen. Diese Wettspiele auf verschiedenen Gebieten körperlicher und geistiger Kräfte, vom Beginn bis auf unsere Zeit zu verfolgen ist deshalb von Interesse, weil sich darin zugleich der Culturzustand spiegelt. Hier haben wir uns aber nur auf die Bemerkung zu beschränken, daß das Bedürfniß und der Vortheil derselben immer gefühlt und erkannt worden.

In dem ersten Theil dieses Schriftchens ist nun versucht worden, den Vortheil der Preisaufgaben für bildende Kunst in unsrer Zeit, unter den obwaltenden Umständen, darzuthun, und es soll nun noch über das Institut der Preisaufgaben unter Goethe und den Weimarischen Kunstfreunden referirt werden.

Den Anlaß zu diesem Institut geben die Unternehmer selbst an: Die Abhandlung über die Gegenstände, welche sich für bildende Kunst vorzüglich eignen*) habe erwünschte Theilnahme gefunden, und dadurch eine Frage, die in der Kunst von größter Wichtigkeit sey, aber von den Künstlern lange nicht genug beherzigt worden, wieder in Anregung gebracht. Doch dürfe man dabei nicht stehen bleiben, wenn gute Wirkungen daraus entstehen, wenn andere sich der Sache weiter annehmen und das, was sie angefangen, fort-

---

*) Dieser Aufsatz: Ueber die Gegenstände für bildende Kunst, ist von Heinr. Meyer, der mehrmals darüber mit dem Verfasser gesprochen hat; er findet sich deshalb auch nicht in Goethe's Werken abgedruckt. Wer die Goethe'schen Schriften genauer kennt, wer namentlich auf das beachtet, was in dem Briefwechsel von Schiller und Goethe darüber vorkömmt, der wird wissen, daß die Wahl der Gegenstände, die Stoffe für die Kunst und deren Darstellungsform ihm sein ganzes Leben hindurch eine der wichtigsten Angelegenheiten war. So äußert er einmal, daß es wunderbar sey, daß ein Stoff für eine bestimmte Form sich trefflich eigne, während er für eine andere ganz unbedeutend, unbrauchbar sey. Auch für die bildende Kunst schien ihm diese Untersuchung von der größten Wichtigkeit, er konnte aber der Sache nicht Herr werden und forderte deshalb seinen Freund Meyer dazu auf. Aber auch dieser konnte damit nicht zu Stande kommen, weil er die Kunstwerke nicht gegenwärtig genug hatte und es wurde beschlossen, daß derselbe deshalb eine Reise nach Italien unternehmen solle. Aber auch hier gelang es ihm lange nicht, bis ihm zu Florenz, während eines Fiebers, von dem er befallen wurde, die Erleuchtung kam.

Siehe Propyläen, eine periodische Zeitschrift, herausgegeben von Goethe. I. 1. Hft. S. 20 u. 2. Hft. S. 55.

führen sollten. Dann heißt es wörtlich weiter: „Der Künstler wird bei einem einzigen Versuche, den er aus eignem Triebe macht oder zu machen veranlaßt wird, über alles tiefer nachdenken und dahin eindringen, wohin ihn keine Schrift, wie gut sie auch abgefaßt wäre, je leiten könnte. Aus diesem Grunde schien es uns wohlgethan, wenn wir einem jeden, der Lust sich zu versuchen hat, Gelegenheit gäben, jene aufgestellten Maximen practisch zu prüfen."

In dieser Absicht wird nun eine Concurrenz für alle Künstler vorgeschlagen und der Stoff aus Homer gewählt. Als Grund für diese Wahl wird angeführt: „Weil Homers Gedichte von jeher die reichste Quelle gewesen, aus welcher Künstler Stoff zu Kunstwerken geschöpft haben. Vieles ist bei ihm so lebendig, einfach und wahr dargestellt, daß der bildende Künstler halbgethane Arbeit findet. Ferner hat die Kunst der Alten in dem Kreis, den dieser Dichter umschließt, sich eine Welt geschaffen, wohin sich jeder echte moderne Künstler so gern versetzt, wo alle seine Muster, seine höchsten Ziele sich befinden.

Hier spricht Goethe seine Werthschätzung des Alterthums entschieden aus und hier werden unsere modernsten Künstler sogleich ihre Beschuldigung wegen Goethe's Ueberschätzung des Alterthums wiederholen. Man könnte das mit Stillschweigen hinnehmen; die Schätzung des einen schließt die Schätzung des Andern nicht aus! Doch will ich Einiges dafür wiederholen. So viel man gegen die antiken Muster, gegen antike Stoffe vorbringen mag, so hat man sich deren für das Kunststudium in Academien und Privatschulen doch noch nicht entschlagen können und wird sich deren nicht entschlagen können. Die Bildhauerkunst gar nicht. Die Schönheit und Vollendung der Form, die ausgeprägten Charactere, die Schönheit der Verhältnisse, die Einfachheit, Klarheit der Gegenstände u. s. w. können wir nur an den Antiken studiren und bewundern, wie wir auch durch die Kenntniß und das Studium der griechischen Literatur zu unserer Bildung gelangt sind. Wenn wir aber die Vorzüge der antiken Kunst und Literatur studiren und bewundern, so verlangt Niemand damit, daß wir auch griechische

Gedichte machen oder griechische Mythologien als Glaubenssache in demselben Sinn darstellen sollen, wir sollen nur mit gleichem Geiste in gleichem Sinne unsere Aufgaben behandeln. Ein Hauptgrund der Abneigung gegen dergleichen Stoffe liegt aber bestimmt auch darin, daß die meisten modernen Künstler unfähig sind, die Kraft, die Kenntniß zu deren kunstgemäßer Behandlung nicht haben, keine Tiefe des Gemüths, um einen Gehalt hineinzulegen; sie begreifen nichts als den Stoff.

Erste Preisaufgabe 1799.

Betrachten wir nun die erste Aufgabe, die die Weimarischen Kunstfreunde, an der Spitze Goethe, in dem zweiten Heft des ersten Bandes der von ihm herausgegebenen Zeitschrift: Die Propyläen, stellten.

Aphrodite (Venus) führt dem Alexandros (Paris) die Helena zu.

Darüber ist gesagt: „Die Scene vereinigt in sich alle erforderlichen Eigenschaften: Man mag sie als Geschichte, als symbolische Darstellung oder blos in Rücksicht auf das rein Menschliche betrachten, so spricht sie sich allemal selbst vollkommen aus, wirkt angenehm auf jedes Auge, jedes Gefühl und über alles dieses hat sie für die gegenwärtige Absicht noch den Vortheil weniger Figuren, wodurch der Künstler in Stand gesetzt wird, auf kunstgerechte Ausbildung des Ganzen desto mehr Fleiß zu verwenden."

Nachdem die Bedingungen der Concurrenz angegeben sind, wird die größte Unpartheylichkeit gelobt, und die möglichste Oeffentlichkeit versprochen.

Als Motive für die Beurtheilung, also als Maßstab, wird besonders die Erfindung genannt. Es soll als das höchste entschiedenste Verdienst angerechnet werden, wenn die Auflösung der Aufgabe schön gedacht und innig empfunden ist, wenn alles bis aufs Geringste motivirt seyn wird, wenn die Motive aus der Sache fließen und Gehalt haben. Die naiven Motive werden allemal

vor den bloßen Verstandes= oder wissenschaftlichen Motiven den
Vorzug erhalten, weil sie mehr interessiren und auf das Gemüth
wirken.

Nach der Erfindung wird hauptsächlich der Ausdruck, das ist
das Lebendige, Geistreiche der Darstellung in Betracht gezogen.
Alsdann erst die Zeichnung und die Anordnung, weil dieses Dinge
sind, die schon mehr von der Wissenschaft als vom angebornen Ta=
lent abhängen. Bei Licht und Schatten soll vornehmlich auf die
Massen gesehen werden. Der Künstler, welcher die Beleuchtung
bedeutend zu machen weiß, soll vorzüglich geschätzt werden. Will=
kührliche, manierirte Beleuchtung, Schlagschatten, ohne sichtbare
Ursache, wodurch der Künstler blos dem Bedürfniß abhilft, oder
vielmehr seine Dürftigkeit zu erkennen giebt, und wäre der Effect
noch so groß, kommen als Fehler in Anschlag.

Man muß in diesen Bemerkungen schon die einleuchtenden
Grundsätze für Beurtheilung von jedem Kunstwerk im Allgemeinen
erkennen, muß, wie überall, die Klarheit, Einsicht Goethe's bewun=
dern; sie sind nicht etwa für antike Gegenstände allein geltend, son=
dern für jeden Gegenstand maßgebend. Dergleichen kann aber auch
ein weniger Begabter aus anderen Werken zusammenstellen, wenn
er sonst ein einfacher klarer Verstand ist. In einem gegebenen
Falle aber die Anwendung bethätigen, und wie hier gerecht Vor=
züge gegen Vorzüge abwägen, das kann nur der, dem eine innere
Ueberzeugung aus Geist, Uebung, Kenntniß und Erfahrung inne
wohnt.

Es gingen zwölf Zeichnungen ein; der Preis wurde Joseph
Hoffmann in Cöln und Kolbe in Düsseldorf zu gleichen Theilen
zugesprochen.

Nimmt man nun das Abwägen der Gründe bei der Beurthei=
lung der eingegangenen Concurrenzstücke im ersten Stück des drit=
ten Bandes der Propyläen hinzu, so werden dadurch alle Momente
berührt und klar ausgesprochen, die Urtheil und Genuß an einem
Kunstwerk für den Beschauer ermöglichen, und jedem Künstler einen

festen Halt geben bei seinen Productionen. Der Beurtheilung sind nachträglich noch einige allgemeine Bemerkungen vorausgeschickt, woraus man ferner ersieht, wie ernst sie die Angelegenheit behandelt haben. Wahrscheinlich waren sie durch die Concurrenzarbeiten darauf geführt worden, woraus zugleich zu ersehen wäre und bestätigt würde, was Goethe gleich Eingangs sagt, „daß keine Schrift, wie gut sie auch sey, den Künstler dahin leiten könne, wohin er aus eignem Triebe, ein tiefes Nachdenken ihn einzubringen veranlaßt." Und diese Erfahrung ist zugleich ein schlagender Beweis für die Trefflichkeit der Preisgaben überhaupt. Wird das Institut von ernsten tüchtigen Männern geleitet, so können auf diesem Wege allein die besten Ansichten über Kunst allgemeine Verbreitung erhalten.

„Bei dem was der Dichter gewährt, käme es nun für den bildenden Künstler, der sein Werk in möglichster Vollkommenheit ausführen sollte, auf nichts Geringeres an, als die schönsten Formen und die feinste innigste Empfindung zu vereinen. Er müßte verstehen, vom Sinnlichen und Geistigen die zartesten Blüthen zu brechen. Je näher er jenes im edlern Sinne fassen, und dadurch Heiterkeit und Anmuth bewirken könnte; je mehr es ihm gelänge, auch von diesem hineinzulegen, damit dem Werke die Tiefe, der Ernst nicht fehle, desto besser würde die Aufgabe gelößt seyn."

Ferner wird bemerkt, daß, wenn gegenwärtig (immer) der Kunst Vortheile zuwachsen sollen, sie dieselben hauptsächlich daher zu erwarten hat, daß der Künstler seine Gedanken ernstlicher prüfen, sie in einer strengeren Folge zu ordnen lernt, als gewöhnlich geschieht, daß er ihnen die möglichste Einheit und Rundung zu geben sich bemüht.

Ueber die eingesandten Concurrenzstücke wird im Allgemeinen gesagt, daß man darin den herrschenden Geist bei unserer Nation wahrnehme, weil man in allen ein löbliches Streben bemerke, was zu den besten Hoffnungen berechtige: Nirgends etwas Geschrobenes, Spitzfindiges, Abentheuerliches, sondern eine schlichte gerade Richtung. — Mit einem eben so billigen als stolzen Gefühl können wir uns daher auf einen höhern Standpunkt erheben, und wenn wir von daher die Kunst aller andern Nationen überschauen, zuversichtlich behaupten, daß unter uns noch der frischeste Kern vorhanden sey, der sich herrlich zu entwickeln Kräfte hätte, wenn freundliche Gestirne ihm leuchteten.

Zweite Preisaufgabe 1800.

Wenn man die verhältnißmäßig geringe Theilnahme betrachtet, (aus ganz Deutschland zwölf Zeichnungen), so müßte man zuvörderst eine Rundschau über die damalige Kunst und Künstler halten, und man konnte immer zufrieden mit dem Anfang seyn. Die Weimarischen Kunstfreunde waren dadurch auch nicht entmuthigt: sie schrieben die zweite Preisaufgabe unter denselben Bedingungen aus, und hatten die Genugthuung, daß 30 Concurrenzzeichnungen eingingen, daß die meisten der Bewerber bei der ersten Aufgabe wieder concurrirten und daß sich ihre Kräfte seitdem bedeutend gesteigert hatten.

Es waren diesmal zwei Gegenstände gegeben: **Hectors Abschied und der Tod des Rhesus**, und zwar um deswillen, um den eigenthümlichen Neigungen der verschiedenen Künstler entgegen zu kommen, damit jeder den Gegenstand wählen könne, den er glaubte am besten behandeln zu können: „der erste Gegenstand fordert zartes Gefühl und Innigkeit des Gemüths; der Künstler muß aus dem Herzen arbeiten, wenn er ihn gut behandeln, zum Herzen dringen und Beifall verdienen will. Der zweite ist von ganz entgegengesetztem Character. Ein verwegenes Unternehmen zweier Helden, ihre Kraft, Kühnheit, Vorsicht sollen vorgestellt werden."

Bei letzterer Aufgabe ist nun der Punkt besonders interessant, daß der Preis einem Künstler zugetheilt wurde, der sich in der Rubensischen Schule gebildet, den Gegenstand realistisch behandelt hatte und vorzügliches Lob erntete. Es war Joseph Hoffmann aus Köln, der schon bei der ersten Concurrenz die Hälfte des Preises erlangt hatte. Die Herren Realisten der neuen Art können daraus sehen, daß Goethe und seine Freunde keine starren Verehrer des Antiken waren, wohl aber Verehrer des Tüchtigen. Auch für die Concurrenten ist durch diesen Fall ein Beleg gegeben für das was oben schon erwähnt ist, für den Vortheil, der den Tüchtigen aus der Anstalt erwachsen mußte: Viele der Zeichnungen wurden angekauft und Herr Hoffmann erhielt auch Aufträge, er malte unter andern einen Plafond für einen Saal im Weimarischen Schloß.

Wer die allgemeinen Bemerkungen über Kunst in der Einleitung dieser zweiten Aufgabe, und dann die besondern, bei den einzelnen Zeichnungen, sorgfältig erwägt und beherzigt, der empfängt einen Schatz des Vortrefflichsten, was über Kunst je geäußert worden und zwar in der eindringlichsten augenfälligsten Weise, über das Bedeutendste im Allgemeinen, wie über das geringste Einzelne. Man kann jedem nur rathen, dem es ernst ist um wahre Kunst, das alles sorgfältig zu prüfen und zu beherzigen. Es würde aber hier zu weit führen, alles zu wiederholen, man müßte die ganzen Aufsätze abdrucken lassen. Nur eins bemerke ich noch, daß für den Abschied Hectors Professor Rahl in Cassel den Preis erhielt.

Erfreulich mußte es für die Unternehmer seyn, daß sich die Künstler durch den geringen Preis, dessen man sich fast zu schämen bekannte, nicht hatten abhalten lassen, daß sogar viele in beigegebenen Briefen erklärt hatten, daß dieser kein Grund ihrer Betheiligung sey. Und sollte es in unsern Tagen nicht noch wirkliche Künstler geben, die gleichen Sinnes sind? Ich meine, diejenigen, welche allein des unmittelbaren Gewinnes wegen arbeiten, wären die besten nicht. Aber auch die werden nicht leer ausgehen, wenn sie etwas Tüchtiges in einem Carton oder Zeichnung aufstellen; man wird diese gewiß gern kaufen, wie ja überhaupt die Neigung zu Cartons jetzt allgemein herrscht. Man schelte diese Neigung nicht, weil dabei der Künstler auf das Wesentliche der Kunst gewiesen ist, nicht durch Farben=Effecte bestechen und über die geistige Armuth sich und andere täuschen kann.

Ein Schreiben an den Herausgeber der Propyläen, das von Schiller herrühren könnte, giebt allgemeine Ansichten über bildende

Kunst und Bemerkungen über die einzelnen Concurrenzstücke, die beide von großem Interesse sind und wegen Erweiterung der Ansichten alle Beachtung verdienen.

Dritte Preisaufgabe 1801.

Für 1801 wurden abermals zwei Aufgaben gestellt: Achill auf Schros und der Kampf Achill's mit den Flüssen. Die Fortsetzung der Propyläen wurde aufgegeben und die Beurtheilung geschah in der Jenaischen Allgemeinen Literaturzeitung, der Goethe einen Theil seiner Aufmerksamkeit und Thätigkeit zu widmen veranlaßt war.

Die beiden Gegenstände waren reicher und umfangreicher und dennoch betheiligten sich 23 Künstler mit theilweis größern Werken; sogar befanden sich vier Oelgemälde darunter. Daneben waren noch eine Reihe anderer Oelgemälde und Zeichnungen zur Ausstellung eingesendet, selbst von Künstlern, die in Paris studirten. Die Ausstellung war eine interessante und reiche, wie sie damals in Deutschland nirgends vorkam. Und wir müssen gestehen, daß mit den wenigen Mitteln, unter den obwaltenden Umständen das Unerwartete geleistet wurde und daß der Nutzen für die Künstler groß seyn mußte, wenn die Spuren auch nicht einzeln an den Fingern hergezählt werden können. Die Beurtheilungen bieten gleichfalls das höchste Interesse. Dabei lassen uns die der Beurtheilung beigegebenen Umrisse von den Preisstücken: Achill auf Schros von Prof. Nahl in Kassel und von Joseph Hoffmann in Köln über die Angelegenheit selbst und die Entscheidungsgründe mit urtheilen. Die Beurtheilungen der einzelnen Stücke übergehen wir aus den bereits angeführten Gründen der Weitläufigkeit, und wir erwähnen nur, daß die Gegenstände und deren Behandlung auch hier wieder neue wichtige Bemerkungen über Kunst veranlaßten, die man immer mit neuer Bewunderung lesen wird.

Vierte Preisaufgabe 1802.

Die nächste neue Aufgabe war Befreyung der Andromeda durch Perseus. Daneben wurde ein zweiter Gegenstand

freyer Wahl überlassen, wofür man den an sich richtigen Grund
angab, daß von der Wahl des Gegenstandes das Glück eines Kunst=
werkes abhänge. Einige Andeutungen und Winke über die Wahl
dieses Gegenstandes wurden beigefügt.

Man gab ferner an, daß ein glücklich neu gefundener Gegen=
stand, der sonst noch wenig oder nie bearbeitet worden und sich
doch zur bildlichen Darstellung vorzüglich eigne, dem Künstler zu
besonderem Verdienst angerechnet werden solle. Ein Gegenstand
von Nahl eingesandt, wurde als ein Beispiel bezeichnet*).

Daneben wünschte man auch solche Kunstwerke, Landschaften
u. A., welche zu keiner der beiden Aufgaben zu concurriren geeig=
net seyen.

Der Preis konnte durch die Einnahme aus Eintrittsgeldern
von 30 auf 60 Ducaten erhöht werden.

Die Concurrenten wurden ersucht, zu erklären, ihre Namen
bekannt machen zu dürfen, auch wenn sie den Preis nicht gewon=
nen. Gebildete Künstler, wie junge Zeichner könnten eben so gut
wie junge Dichter ihre Namen wagen.

Den Preis hatte Ludwig Hummel aus Cassel gewonnen.
Die Beurtheilung der Concurrenzstücke und der außer diesen einge=
schickten Kunstwerke in der Allgemeinen Jenaer Litteraturzeitung 1803
Bd. I. übergehen wir.

Preisaufgabe für 1803.

Ulyß, der den Cyclopen hinterlistig durch Wein
besänftigt. Einige Bemerkungen über das Verhältniß des bil=
denden Künstlers zum Dichter sind beigefügt. Den Preis gewann
Martin Wagner aus Würzburg. Die Beurtheilung dieser Zeich=
nung giebt an, in wie weit der Künstler den rechten Punkt getrof=
fen und wie weit er den Gegenstand erschöpft: „Auf keinem der an=
dern Bewerbstücke geht, sowohl aus der Handlung der Figuren,
als aus dem ihnen beigelegten Character, in solchem Grad anschau=

---

*) Tiresias, der über den Anblick der badenden Minerva erblindet.

lich hervor, daß Polyphem zu trinken gelüstet und Odysseus ihn überlistet. In keinem sind die Nebenfiguren, der Gesellen des Odysseus, so bedeutend, einfach und zweckgemäß, durch Aeußerungen von Furcht, Hoffnung, Neugierde motivirt. Die Zeichnung ist hier so fest, der Ausdruck geistreich, die Anordnung des Ganzen kunstgerecht; man bemerkt keinen müßigen Raum. Die über dem Polyphem schwebende und ihr Horn ausgießende Figur des Schlafs, ist, als allegorisch, gewissermaßen tautologisch und überhaupt fremdartig, nicht zu billigen; sie greift aber übrigens recht gut in die Anordnung des Ganzen." Ein Umriß ist beigefügt.

Preisaufgabe für 1804.

Das Menschengeschlecht vom Elemente des Wassers bedrängt.

Nachdem eine Art Ueberschau der bisherigen Preisaufgaben und die allgemeinen Gründe für deren Folge gegeben, sagen die Herausgeber der Propyläen über die diesjährige Aufgabe: „Wir haben uns im Vorgehenden blos deswegen umständlicher über Einiges erklärt, weil wir das Menschengeschlecht, vom Elemente des Wassers bedrängt, zur Aufgabe für das laufende Jahr ausgewählt haben. Man mag sich diese Bedrängnis nun als allgemeine, oder besondere Ueberschwemmung, als Austreten eines Berg- oder Thalstromes, als Zerreißen eines Dammes, oder sonst denken: jede Bearbeitung soll von uns wohl aufgenommen seyn, welche die höchsten und mannigfaltigsten Motive der Thätigkeit und des Leidens in gebildetem Kunstsinn vorzulegen weiß."

In einer Vorerinnerung zu der Beurtheilung der Concurrenzstücke wurde angeführt, daß keiner der Künstler den Gegenstand bis zur völligen Befriedigung glücklich gedacht und dargestellt habe. Man habe eine merkwürdige Mannigfaltigkeit von Ansichten, und fast allgemein ein lobenswürdiges Streben zum Rechten gefunden, so daß bei einem fast gleichem Maß von Verdienst, man sich für kein einzelnes entscheiden, keinem den Preis zu ertheilen im Stande gewesen. Nur einem habe man sich besonders geneigt gezeigt. Obgleich nun manches daran getadelt wird, so erklären sie endlich, daß das von Grüner unter allen das originellste, ausdrucksvollste und in seinen Elementen auch das zweckmäßigst erfundene gewesen. Ein Umriß danach ist mitgetheilt. Dadurch werden die Beurtheilungsgründe anschaulicher, wie auch die Angaben der Mängel und Vorzüge der andern deutlicher.

Preisaufgabe für 1805.
Leben des Herkules.

Diese Aufgabe ist wegen der großen Auswahl der Momente theilweis eine freie und deshalb ist auch bemerkt: „Wir überlassen den Künstlern aus dem Leben des Herkules einzelne oder mehrere Gegenstände, die auf einander Bezug haben, zu wählen, und um dies zu erleichtern, fügen wir summarisch hier bei, was die Mythologie von seinen Schicksalen und Thaten überliefert. Der größte Theil davon kann vor die Sinne gebracht werden, und da die Hauptfigur in starken und kräftigen Formen vor die Sinne gebracht werden muß, und von dem höchsten, göttergleichen Adel bis nahe an silenische Form gebildet werden kann: so erscheint schon hierdurch eine große Mannigfaltigkeit, ohne zu rechnen, daß bei den Thaten und Begebenheiten des göttergleichen Helden gemeine Naturen, Thiere und Ungeheuer mit auftreten und sowohl einfache als reiche Compositionen möglich sind." Ein Verzeichniß der Gegenstände folgt nun. Dafür ist ein Preis von 120 Ducaten ausgesetzt.

Sechzehn Concurrenzstücke waren eingegangen, und die Beurtheilung erfolgte im ersten Band der Allgemeinen Jenaer Litteraturzeitung 1806. Den Preis erhielt Joseph Hoffmann in Köln. Ein Umriß läßt die Controle der Gründe zu, die immer wieder neue Momente für die Betrachtung und Würdigung von Kunstwerken bringen.

Eine neue Aufgabe wurde für das nächste Jahr nicht gestellt und auch später nicht wieder. An einem andern Orte sagt Goethe, daß Böswilligkeit das Unternehmen gestört habe.

Was die Weimarischen Kunstfreunde über Kunst fernerhin mit=

zutheilen sich gedrängt fühlten, legten sie in der Zeitschrift: Kunst und Alterthum nieder. Bei Gelegenheit einer Uebersetzung einiger neugriechischen Gedichte, hatte Goethe geäußert, daß eins derselben — Charon — sich zur bildlichen Darstellung vorzüglich eigne. Das Stuttgarter Kunstblatt vom 19. Januar 1824 nahm diese Notiz auf und Herr von Cotta erklärte dabei, daß er ihm zugesendete Zeichnungen dieses Gegenstandes nach Weimar befördern und die dort als die beste erkannte honoriren und durch Kupferstich vervielfältigen lassen wolle. Es wurden 6 Zeichnungen eingesendet und die von Leybold wurde als die vorzüglichste erkannt. Ein Umriß davon ist in dem Kunstblatt der Beurtheilung beigefügt. Am Schluß derselben äußerte sich Goethe: „Indem wir nun diese Betrachtungen den Kunstfreunden zu geneigter Prüfung übergeben, enthalten wir uns nicht auszusprechen, wie viel Vergnügen uns die Behandlung einer so bedeutenden Aufgabe verschafft, und zwar auch durch Erinnerung an vergangene Zeiten. Denn es sind eben zwanzig Jahre, daß wir die siebente und letzte Ausstellung in Weimar vorbereiteten und eine bis dahin fortgesetzte Zusammenwirkung mit deutschen Künstlern abschlossen. Was sich seit jener Zeit erhalten und entwickelt, davon giebt gegenwärtige Concurrenz ein gültiges Zeugniß. Möchten redlich strebende Künstler von Zeit zu Zeit Gelegenheit finden, die Resultate ihrer stillen Bemühungen dem deutschen Publicum vor Augen zu bringen."

Wer in der neueren Kunstgeschichte bewandert ist, wird wissen, daß die Kunst überhaupt und die bedeutendsten Künstler nur durch das Studium der antiken Denkmale zu ihrer Höhe gelangt sind. Sie haben aber dieses Studium nicht etwa in der Absicht betrieben, um geistlose Nachahmer zu werden, sondern um in das Wesen, in die Tiefe der Kunst überhaupt einzudringen. Wohin nun die besondere Neigung den Einzelnen führte, er war ein Künstler. Auch die Weimarischen Kunstfreunde erstrebten nicht, die Kunst auf antike Darstellungsweise, auf antike Stoffe zu beschränken, sie wollten nur den Sinn für das Bedeutende wecken. Betrachten wir die Reihe der Aufgaben, so finden wir, wie sie nach und nach zu diejem Uebergang einzuleiten suchten. An andern Orten spricht das Goethe auch bestimmt aus; er äußert sich über die Werke jeder Art, wenn sie nur überhaupt Geist verriethen, mit der wärmsten Theilnahme. Er verlangte, er strebte zur Erkenntniß des Höchsten: Sucht doch auch der Münzwardein das Gold rein darzustellen; mag man dann soviel Zusatz dazu thun als man will, selbst das Gmündner Gold lasse man gelten. Am Schluß der für das Jahr 1802 gestellten Preisaufgabe finden wir eine bestimmte Aeußerung darüber: „Haben wir uns durch unser redliches Bemühen Widersacher aufgeregt, so ist das ein unvermeidliches Schicksal jedes neuen Unternehmens, und wir können uns, bis sich alles mehr aufklärt, indessen manches warmen Freundes und Theilnehmers erfreuen. Möchten doch alle nach dem Zwecke hinsehen, der von mancher Seite her erreicht werden kann. Der Kunst, nach Innen Ernst und Würde, nach Außen Ehre und Vortheil zu erhalten und zu verschaffen, darauf bringen wir; und sollte nicht jeder Künstler und Kenner und Liebhaber dazu mitwirken wollen? Mag man doch in einzelnen Meinungen von einander abweichen, ja, mag man in Absicht auf Maximen, von denen man ausgeht, einander völlig entgegenstehen, man arbeitet dennoch in einem Kreise und wohl gar nach einem Punkte. Mag der eine sich mehr gegen das Natürliche, der andere mehr gegen das Ideale neigen, bedenke man doch, daß sie vielmehr beide in der großen lebendigen Einheit innig verbunden sind, nach der wir so wunderbar streben, indem wir sie vielleicht schon besitzen."